Friederun Reichenstetter
Der Wolf

Ein Verlag der *westermann* GRUPPE

1. Auflage 2021
© 2019 Arena Verlag GmbH
Rottendorfer Straße 16, 97074 Würzburg
Ursprünglich erschienen in der Reihe Der Bücherbär.
Sachwissen Natur. So leben die Tiere
Alle Rechte vorbehalten
Text: Friederun Reichenstetter
Cover und Innenillustrationen: Hans-Günther Döring
Gesamtherstellung: Westermann Druck Zwickau GmbH
Printed in Germany
ISBN 978-3-401-71775-3

Besuche den Arena Verlag im Netz:
www.arena-verlag.de

Friederun Reichenstetter

Der Wolf

Mit Fragen zum Leseverständnis

Bilder von Hans-Günther Döring

Arena

Inhalt

Wo der Wolf lebt

In vielen Teilen der Welt
sind Wölfe zu Hause.

Manche Wölfe leben
im offenen Grasland,
andere bewohnen Wüsten
und Berge.

10

Sogar im kalten Norden,
am Rande der Arktis,
gibt es Wölfe.

Oft ziehen wir uns
in Wälder zurück.
Hier können wir uns
am besten verstecken.

Ein Revier für den Wolf

Jedes Wolfsrudel hat
sein eigenes Gebiet zum Jagen.
Dieses Gebiet wird Revier genannt.

Das Revier wird
fast täglich markiert.
So wissen andere Rudel:
Dieses Stück Land ist besetzt.

Dringen fremde Wölfe
in ein Revier ein,
gibt es heftigen Streit.
Diese Kämpfe enden
manchmal tödlich.

Wir markieren unser Revier
mit Kot und Urin.

besetzt

Die Wolffamilie

Die Wolffamilie wird Rudel genannt.
In einem Rudel leben
meist sechs bis zwölf Tiere.

Junge Wölfe leben
ein bis zwei Jahre
in ihrem Rudel.

14

Sie helfen ihren Eltern
bei der Erziehung
der jüngeren Geschwister.

Für uns ist die Familie
das Wichtigste.
Wir verlassen sie erst,
wenn wir eine eigene gründen.

15

Die Aufgaben der Leitwölfe

Die Leittiere des Rudels
sind die Eltern.
Nur sie paaren sich.

Sie entscheiden gemeinsam
und verteilen die Aufgaben
in der Familie.

Beide achten darauf,
dass kein fremder Wolf
ihr Revier übernimmt.

Wir kümmern uns auch
um kranke und alte Tiere.

Wie der Wolf eine Familie gründet

Wollen junge Wölfe
eine eigene Familie gründen,
verlassen sie ihr Rudel.

Sie suchen nach einem Partner
und nach einem eigenen Revier.
Dazu wandern sie
oft viele Hundert Kilometer.

Die Leitwölfin des Rudels bringt
nur einmal im Jahr
Junge zur Welt.

Unsere Jungen werden
zwischen März und Juni geboren.

19

Eine Höhle für den Nachwuchs

Rechtzeitig vor der Geburt
sucht die Leitwölfin
nach einem sicheren Platz
für eine Geburtshöhle.

20

Manchmal wählt sie
eine alte Geburtshöhle,
oder es wird eine neue gegraben.
Alle Wölfe im Rudel helfen mit.

In dieser Höhle
können unsere Welpen
in Ruhe aufwachsen.

Die Jungen werden geboren

Vier bis sechs Welpen
bringt die Wölfin zur Welt.
Sie sind noch blind und taub.

Die Welpen öffnen ihre Augen
nach zwei Wochen.
Nach der dritten Woche
beginnen sie zu hören.

Es dauert
vier Wochen,
bis die Jungen
zum ersten Mal
die Höhle
verlassen.

Dann gibt es bald
das erste Fleisch.
Die Mutter kaut
es vor.

23

Die Jungen werden größer

Alle Wölfe im Rudel kümmern sich
um den Nachwuchs.
Sie spielen mit den Kleinen,
und sie bringen der Mutter Nahrung.
So kann sie
bei den Welpen bleiben.

Nach zwei Monaten
leben und schlafen die Jungen
dann am selben Platz
wie alle Wölfe des Rudels.

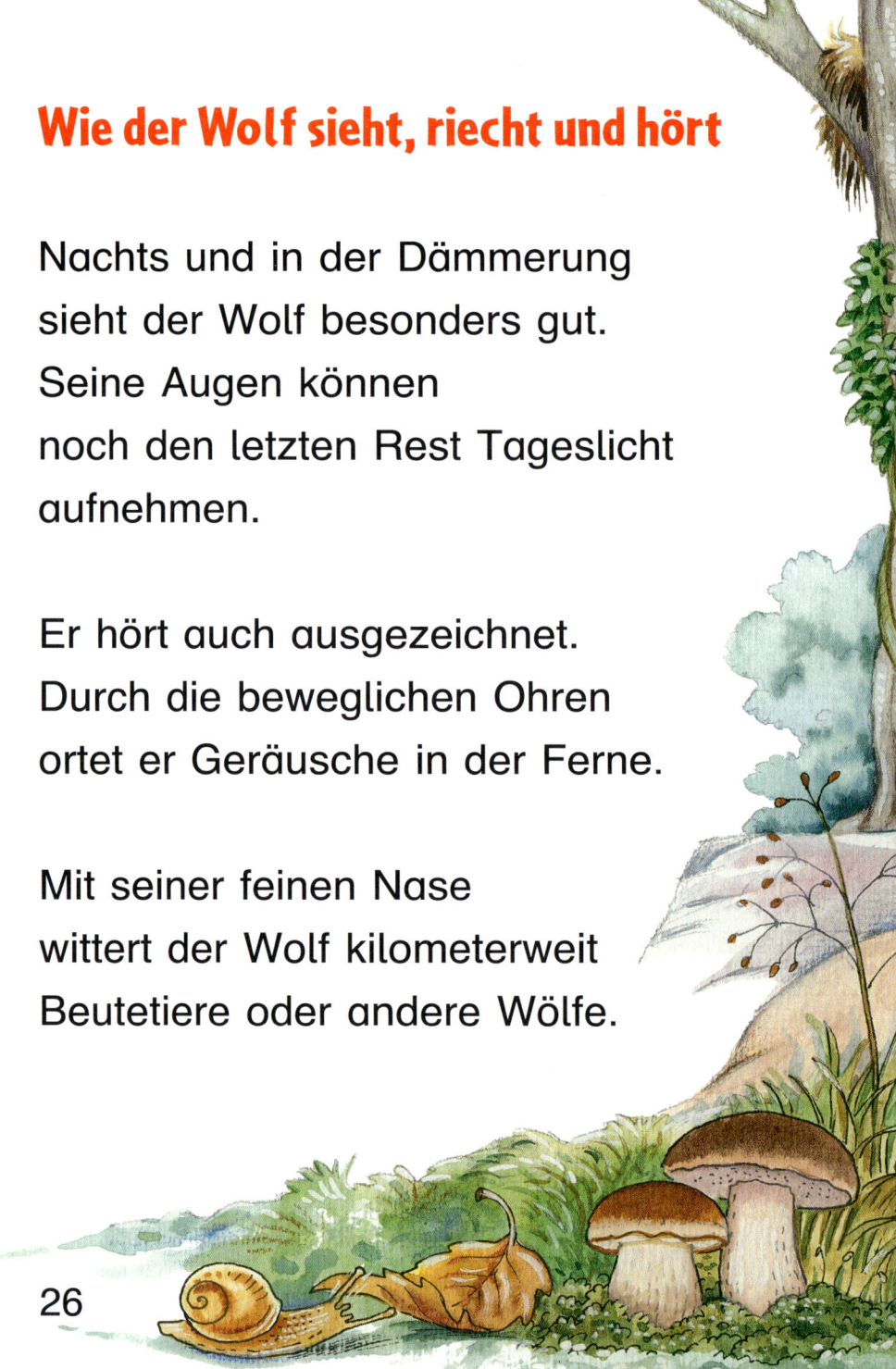

Wie der Wolf sieht, riecht und hört

Nachts und in der Dämmerung
sieht der Wolf besonders gut.
Seine Augen können
noch den letzten Rest Tageslicht
aufnehmen.

Er hört auch ausgezeichnet.
Durch die beweglichen Ohren
ortet er Geräusche in der Ferne.

Mit seiner feinen Nase
wittert der Wolf kilometerweit
Beutetiere oder andere Wölfe.

Mein Geruchssinn ist
sehr viel besser
als der des Menschen.

Wie Wölfe sich verständigen

Durch Duftmarken zeigt der Wolf,
wo er sich aufgehalten hat.

Mit seiner Körpersprache sagt er,
wie er sich fühlt.
Ein Beispiel:
Wenn der Wolf droht,
dann bleckt er die Zähne
und stellt die Ohren auf.

Er kann auch winseln, jaulen,
wuffen, knurren und heulen.
Das Heulen ist
über weite Entfernungen zu hören.

Manchmal heulen wir gemeinsam.
Das heißt, dass wir
zusammengehören.

Was der Wolf frisst

Der Wolf jagt
in seinem festen Revier.

Seine Nahrung sind
Rehe und Wildschweine.
Aber er jagt auch Hasen,
Biber und Mäuse.

Nur selten kommt er
in die Nähe der Menschen
und sucht dort nach Abfällen.

Haustiere wie Schafe müssen mit Zäunen vor uns geschützt werden.

Wie der Wolf jagt

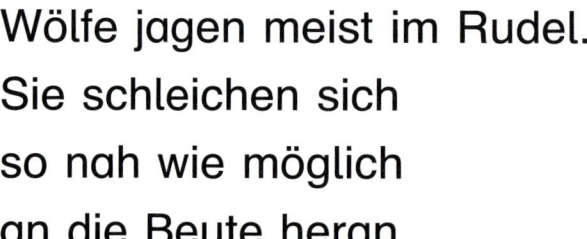

Wölfe jagen meist im Rudel.
Sie schleichen sich
so nah wie möglich
an die Beute heran.

Jeder Wolf hat seine
Aufgabe:
Die einen treiben das Wild,
die anderen greifen es an.

Wölfe verfolgen auch Herden.
Bleibt ein Herdentier zurück,
ist es für ein Rudel leichte Beute.

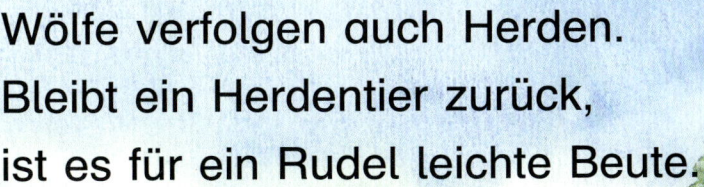

Mit unseren Fangzähnen
zerreißen wir die Beute.
Mit den Backenzähnen
zerteilen wir sie.
Dann schlingen wir sie hinunter.

Gefahren für den Wolf

Wölfe haben
von anderen Tieren
wenig zu befürchten.

Doch bei der Jagd auf Beute
können sie sich schwer verletzen.
Nur Wölfe von fremden Rudeln
sind für sie gefährliche Gegner.

34

Auch der Straßenverkehr
und ansteckende Krankheiten
von Haushunden
sind eine Bedrohung für sie.

Hier sind wir eine geschützte
Tierart. In vielen anderen Ländern
werden wir gejagt.

Der Wolf im Winter

Im Winter verbringen Wölfe
fast die Hälfte des Tages
auf der Jagd.
Wenn viel Schnee liegt,
ist die Jagd sehr mühsam.

Wölfe frieren kaum.
Ihr dichtes Unterfell
hält sie warm.

An jedem Haar ist
eine Drüse, die Fett produziert.
Dadurch werden sie nicht
nass bis auf die Haut.

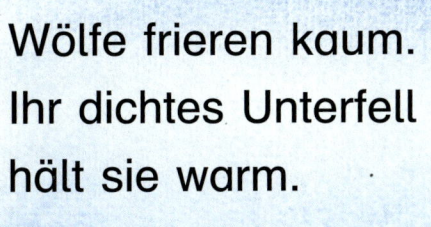

Du und der Wolf

Der Wolf ist ein scheues Tier.
Daher wirst du wohl keinem
auf freier Wildbahn begegnen.
Triffst du aber auf einen,
solltest du stehen bleiben
und dich langsam
rückwärts entfernen.

Eine Geschichte aus der Steinzeit

Umo und die kleinen Wölfe

Umo sucht Kräuter im Wald.
Plötzlich raschelt es hinter ihm.
Zwei kleine Wölfe haben sich
im Gebüsch versteckt.

Wo ist denn eure Mutter?,
fragt sich Umo.
Weit und breit
ist kein Wolf zu sehen.
Umo nimmt die beiden mit
zu seinem Stamm.

„Wölfe sind gefährlich!",
sagt Umos Vater.
„Die können hier nicht bleiben."
Aber Umo lässt nicht locker.
„Sie sind noch so klein",
antwortet er.
„Bestimmt werden sie zahm."

Die jungen Wölfe
gewöhnen sich an Umo
und die Menschen.
Zahm werden sie nicht,
aber sie bleiben immer
in Umos Nähe.

Der Stamm zieht weiter.

Vor dem Einschlafen überlegt Umo:

Ob die Wölfe uns folgen?

In der Nacht hört er

das Heulen seiner beiden Wölfe,

ganz in der Nähe des neuen Lagers.

„Awuuuu!", antwortet Umo ihnen.

Es dauerte aber

noch viele Jahrhunderte,

bis aus Wölfen

unsere Haushunde wurden.

Weißt du die Antworten?

 Wo lebt der Wolf? **Seite 10**

 Wer sind die Leittiere des Rudels? **Seite 16**

 Wer sucht die Höhle für den Nachwuchs? **Seite 20**

 Was frisst der Wolf? **Seite 30**

 Welche Gefahren gibt es für den Wolf? **Seite 34**

Friederun Reichenstetter
studierte Sprachen in München, Straßburg und London.
Danach arbeitete sie für verschiedene internationale
Organisationen im In- und Ausland. Seit vielen Jahren ist
sie freiberufliche Autorin und schreibt Kinder- und
Sachbücher. Sie lebt mit ihrem Mann in München.

Hans-Günther Döring
hat nach einer Ausbildung zum Schauwerbegestalter
Kommunikationsdesign und Illustration in Hamburg studiert.
Die Natur liegt ihm besonders am Herzen. Wenn er nicht
am Zeichentisch sitzt, unternimmt er gerne ausgedehnte
Wanderungen zu Fuß, mit dem Fahrrad oder dem
Paddelboot – wobei sein Hund Oskar ihn gerne und oft
begleitet. Hans-Günther Döring lebt mit seiner Familie
in einem kleinen Ort bei Hamburg.

Sachwissen für Erstleser

Die Wildkatze
978-3-401-71573-5

Die Honigbiene
978-3-401-71773-9

Der Fuchs
978-3-401-71722-7

Die Fledermäuse
978-3-401-71776-0

Jeder Band: Ab 6 Jahren • Sachwissen für Erstleser • Durchgehend farbig illustriert • Gebunden • Format 15,9 x 21,1 cm

Sehr einfache Textgliederung

Große Fibelschrift und kurze Zeilen

Viele farbige Bilder

Innenseite aus »Die Wildkatze«
ISBN 978-3-401-71573-5